Dieses Buch ist allen Mahnern und einsamen Rufern gewidmet, denen das Wohlergehen unserer Gesellschaft am Herzen liegt. Jeder kritische Geist ist einsam und gehört zu einer Minderheit. Die Minderheit von heute kann jedoch die Mehrheit von morgen sein.

Dieses Buch ist auch meiner Frau Marlene gewidmet als Dank für ihre kritischen und klugen Ratschläge, die mich in meinem Leben begleitet und mir stets eine gute Ratgeberin ist.

Bonn, im Juni 2021

Michael Ghanem

Die Gedanken sind frei

... Nur Mut ...

Steh auf!

© 2021 Michael Ghanem

Verlag und Druck: tredition GmbH, Halenreie 40-44, 22359 Hamburg

ISBN
978-3-347-34404-4 (Paperback)
978-3-347-34405-1 (Hardcover)
978-3-347-34406-8 (e-Book)

Über den Autor: **Michael Ghanem**
https://michael-ghanem.de/
https://die-gedanken-sind-frei.org/

*Jahrgang 1949, Studium zum Wirtschaftsingeni-
eur, Studium der Volkswirtschaft, Soziologie, Poli-
tikwissenschaft, Philosophie und Ethik, arbeitete
viele Jahre bei einer internationalen Organisation,
davon fünf Jahre weltweit in Wasserprojekten, so-
wie einer europäischen Organisation und in mehreren internationalen Beratungsunternehmen.*

Bonn, im Juni 2021

Er ist Autor von mehreren Werken, u.a.

*„Ich denke oft.... an die Rue du Docteur Gustave
Rioblanc – Versunkene Insel der Toleranz"*
„Ansätze zu einer Antifragilitäts-Ökonomie"
*„2005-2018 Deutschlands verlorene 13 Jahre Teil 1:
Angela Merkel – Eine Zwischenbilanz"*
*„2005-2018 Deutschlands verlorene 13 Jahre Teil 2:
Politisches System – Quo vadis?"*
*„2005-2018 Deutschlands verlorene 13 Jahre Teil 3:
Gesellschaft - Bilanz und Ausblick*

„Herr vergib ihnen nicht! Denn sie wissen was sie tun!"

„Verfallssymptome Deutschlands – Müssen wir uns das gefallen lassen?"

„Deutsche Identität und Heimat – Quo vadis?

„I know we can! Eine Chance für Deutschland"

„Im Würgegriff der Staatsverschuldung, Teil 1 und Teil 2"

„50 Jahre Leben in Deutschland – Ein Irrtum? Ein Schicksal"

„Eine Straße ohne Seele"

„Ist Deutschland auf Sand gebaut?"

„Leonidas der Große – Ich bin ein Mensch"

„Vier Millionen entrechtete Deutsche"

„Der Teich des Teufels – ein Märchen"

„Die heutigen Reiter der Apokalypse"

„Die Deutschen – ein verfluchtes Volk?

„Krisen in Zeiten von Corona, Teil 1"

„Thesen zur Gleichheit der Rassen"

„Die Sage vom Haus am See"

„2005 – 2021 Deutschlands verlorene 16 Jahre – Die Bilanz der Angela Merkel"

„Corona 2021 – Warten auf Godot"

„Wenn ich einmal der Herrgott wär"

„Liebe heißt"

"Die Zeit -eine verkannte Weltmacht" Band 1 der Reihe Mensch & Gesellschaft"

„Weltmacht Wasser - Teil 1: Überblick und Bilanz 2021"

Vorwort

16 Jahre unter der Führung von Angela Merkel und ihrer Politik haben dazu geführt, dass Deutschland im Jahr 2021 ein Sanierungsfall geworden ist. Dies sind nur einige besonders wichtige Bereiche:

- Sei es, dass die Verfassung geändert werden muss um sie an Krisensituationen anzupassen.

- Sei es, dass die gesamte technische Infrastruktur des Landes überholt und modernisiert werden muss.

- Sei es, dass die gesamte Öffentliche Verwaltung und selbst der Rechtsstaat zu einem Sanierungsfall in einem erheblichen Ausmaß geworden sind.

- Sei es, dass Forschungen in Kerngebieten vernachlässigt worden sind und diese sind wichtiger denn je.

- Sei es, dass versäumt wurde, die Abhängigkeit deutscher Produkte von Diktaturen wie China zu reduzieren, insbesondere bei der Produktion und beim Absatz.

- Sei es, dass versäumt wurde systemrelevante Produkte zu definieren, die unbedingt in Deutschland produziert werden müssen.

- Sei es, dass das marode Gesundheitswesen erheblich saniert und mit erheblichen Mitteln für Ärzte und Pflege ausgestattet werden muss.

- Sei es, dass das Rentensystem grundsätzlich saniert werden muss.

- *Sei es, dass die sozialen Wohltaten von SPD, den Grünen und CDU/ CSU überprüft werden müssen.*

Es geht nicht darum zu jammern. Deutschland hat nach dem Krieg bewiesen, dass es in der Lage war wieder aufzustehen und trotz aller Widrigkeiten für seine Zukunft zu kämpfen.

Der Autor versucht die erlahmten Kämpfer wieder aufzumuntern, damit sie die Führung des Landes selbst mitgestalten können und nicht alles der politischen Elite überlassen.

Und vor allem appelliert er daran, dass jeder Einzelne in seinem kleinen Bereich zu der Erneuerung und Sanierung unseres Hauses Deutschland mit all seinen Kräften einen erheblichen Beitrag leistet.

Steh auf!

.... Du sollst nicht jammern, sondern mit Deiner Stimme bei der Bundestagswahl 2021 dafür Sorge tragen, dass Politiker gewählt werden, die bereit sind, das Land von Grund auf trotz aller Widrigkeiten zu reformieren.

Steh auf!

Steh auf um dafür zu sorgen, dass Deine Kinder eine Chance haben, ihre Zukunft zu gestalten und gesund und glücklich zu leben.

Steh auf!

Für die Erneuerung der Verfassung, damit Deutschland krisensicher wird.

Steh auf!

Steh auf für die Begrenzung der politischen Mandate, damit mittelmäßige Politiker nicht weiter das Land ruinieren können, wie Angela Merkel es getan hat.

Steh auf!

Für die Erneuerung des Bildungswesens, damit Deine Kinder eine Chance erhalten um in einer unsicheren Zukunft erfolgreich zu leben.

Steh auf!

Dafür, dass endlich eine menschenwürdige Altersversorgung für die arbeitende Bevölkerung geschaffen wird.

Steh auf!

Dafür das eine Familienpolitik umgesetzt wird, die ihren Namen verdient.

Steh auf!

Dafür, dass eine Sanierung der Polizei stattfindet, damit diese ihre Aufgaben tatsächlich im Dienst der Bürger wahrnehmen kann.

Steh auf!

Dafür, dass endlich eine Politik für die Mehrheit des Volkes verfolgt wird - unter Berücksichtigung der Interessen von Minderheiten.

Steh auf!

Dafür, dass die Spaltung Deutschlands verhindert wird und dass jede Partei, die in ihrer Strategie eine Spaltung verfolgt, aus den Parlamenten entfernt wird - seien es die Grünen, die Linke oder die AfD.

Steh auf!

Dafür, dass endlich in der Wirtschaft ein Kreislaufverfahren eingeführt wird und damit die Wiederverwendung von Produkten und Elementen bereits produzierter Waren möglich wird.

Steh auf!

Damit endlich die öffentlichen Medien von jeglichen parteipolitischen Einflussnahmen befreit und dass der Medienstaatsvertrag der Einfluss-nahme der Parteien entzogen wird.

Steh auf!

Damit endlich Wasser und Luft in all ihren Facetten gewürdigt und bewertet werden.

Steh auf!

Damit endlich Respekt und Anstand als für die Gesellschaft maßgebende Verhaltensweisen wiederentdeckt werden.

Steh auf!

Damit die Pharisäer und Gutmenschen in allen Teilen der Gesellschaft geächtet werden.

Steh auf!

Dafür, dass man Dir nicht das kritische Denken durch Valium Pillen abnimmt und schon gar nicht den kritischen Diskurs.

Steh auf!

Damit Verschwörungstheoretiker und jegliche Manipulatoren durch eine konsequente Vorgabe an die Netzbetreiber in den Netzen zum Schweigen gebracht werden.

Steh auf!

Dafür, dass endlich die Justiz so reformiert wird, dass sie nicht mehr eine Justiz der Täter, sondern eine Justiz der Opfer wird.

Steh auf!

Dafür, dass endlich Schulen, Bildungseinrichtungen und Universitäten sich ihrer ursprünglichen Aufgabe widmen und nicht dazu missbraucht werden, um gefällige Gutachten zu erstellen.

Steh auf!

Dafür, dass die politischen Entscheidungen hauptsächlich an der kleinen und mittleren Industrie ausgerichtet sind und nur in Ausnahmefällen an der Groß-industrie.

Steh auf!

Dafür, dass endlich eine ökologische Landwirtschaft betrieben wird und dass Ernährungsketten reformiert werden, um ein Gleichgewicht zwischen Produktion und Handel mit dem Ziel einer gerechten Entlohnung der Bauern zu erreichen.

Steh auf!

Dafür, dass die Nahrungs-
mittel in all ihrer Vielfalt
nicht hauptsächlich auf der
Straße transportiert wer-
den, sondern überwiegend
lokal zu beschaffen sind.

Steh auf!

Dafür, dass endlich die Macht der großen Supermärkte gebrochen wird und damit die Monopole und Oligopole gegenüber den Herstellern verschwinden.

Steh auf!

Dafür, dass der Finanzsektor reguliert und seine Möglichkeiten der Einflussnahme auf die reale Wirtschaft verliert.

Steh auf!

Dafür, dass endlich eine Außenpolitik betrieben wird, die eine klare Linie gegenüber Diktatoren und vor allem gegenüber den neuen Weltmächten verfolgt.

Steh auf!

Dafür, dass ein Kerneuropa entsteht, dessen Länder sehr eng untereienander verbun-den sind und mit erheblich mehr Mitteln ausgestattet werden. Und dass eine Reform der heutigen Organisation durchgeführt wird, so-dass alle Führungskräfte Europas durch das

Parlament gewählt werden und der Ministerrat nur eine beratende Funktion hat. Gleichzeitig soll die europäische Organisation sich nur noch auf das Wesentliche konzentrieren.

Steh auf!

Dafür, dass das Analphabe-tentum in Deutschland end-lich ausgemerzt wird und alle Menschen lesen und schreiben können.

Steh auf!

Dafür, dass endlich die Bau-
vorschriften so vereinfacht
und damit die Kosten des
Bauens und damit des Ver-
mietens erheblich reduziert
werden ohne jedoch eine
Diktatur der Mieter zu er-
möglichen.

Steh auf!

Dafür, dass Moral und Ethik Grundpfeiler der Ausbildung schon in der Grundschule werden.

Steh auf!

Dafür, dass keine Oligopole oder Monopole entstehen können, die alle Bereiche des menschlichen Lebens beherrschen.

Epilog

Der Autor möchte nicht als Obermoralist bewertet werden. Er versucht aus seiner Sicht Gründe zu finden, damit die Menschen aufstehen und Deutschland wieder aufbauen. Es kommt auf Jeden und Jede an.

Zeitfracht Medien GmbH
Ferdinand-Jühlke-Straße 7
99095 Erfurt, Deutschland
produktsicherheit@kolibri360.de